KB161805

마음챙김
태교 다이어리

태아와 엄마가 함께 만드는 세상에서 가장 특별한 책

마음챙김
태교 다이어리

김정진 지음

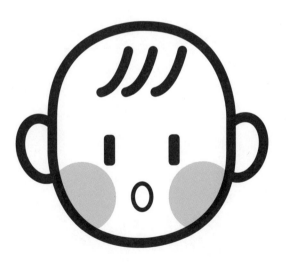

이담북스

사랑하는 ＿＿＿＿＿＿＿ 에게 바칩니다.

아기 엄마: ＿＿＿＿＿＿＿

아기 아빠: ＿＿＿＿＿＿＿

들어가는 글

살아오면서 나를 가장 감동하게 한 건 두 아이의 탄생이었다. 그 감동은 아이가 아내의 배 속에 존재하고 있음을 안 그때부터였다. 그 순간 나도 모르게 떨어진 눈물 몇 방울. 무어라 말로 설명할 수 없는 뜨거움. 그런 감정은 두 번 다시 느껴보지 못했다. 지금도 그때를 생각하면 눈시울이 뜨거워진다.

역사적인 그날, 아내와 나는 갑자기 작명가로 변신했다. 우리는 수없이 많은 이름을 짓고, 후보로 올렸다. 태명 토너먼트를 치열하게 열었다. 그리고 부모와 아이만이 가질 수 있는 텔레파시로 태명 심사위원장인 배 속의 아이에게 조심스레 물었다. 아이는 우리에게 신호를 보냈다.

"좋아요!"

태명을 처음으로 부르는 그 순간 아이는 영원히 시들

지 않는 아름다운 꽃이 되었다. 김춘수 시인의 "내가 그의 이름을 불러 주었을 때 그는 나에게로 와서 꽃이 되었다."라는 꽃말이 비로소 나의 마음에 팍 꽂혔다.

한국의 아이는 태어나면서 한 살을 먹는다. 세계에서 유일하다. 한국인만이 가지는 태명도 마찬가지다. 아이가 생기면 엄마와 아빠는 모두 작명가가 되어 행복한 고민을 하며, 이름을 맛깔나게 짓는다. 그동안 내어본 적 없는 신비한 목소리로 아이를 수없이 부르며 교감한다. 요즘 한류 붐을 타고 한국의 태명 문화가 세계로 퍼져나가고 있다.

아직 태어나지 않은 아이의 나이를 센다는 건 깊은 의미를 가진다. 1801년 사주당 이 씨는 세계 최초의 태교 책 '태교신기'를 펴내면서, 이렇게 말했다.

"스승의 십 년 가르침이 엄마가 열 달 배 속에서 기르는 것만 못하다."

예전부터 한국의 엄마들은 태아를 생명의 존재로 여기

고, 배 속에서부터 태교를 시작했다. 태명도 그런 이유에서 시작된 것이다. 1968년 도로시 리털랙 박사는 호박을 대상으로 실험을 했다. A 호박은 클래식을 들려주었고, B 호박은 시끄러운 음악을 들려주었다. 그 결과 A 호박은 줄기가 스피커를 감싸 안기 시작했다. 반면 B 호박은 스피커와 멀리 떨어진 벽으로 줄기를 뻗어 나가다가 2주 만에 죽어버렸다. 아이는 어떨까? 유럽 연구진이 임신부 1백 명을 대상으로 태교 음악을 들려주었더니 태아 열 명 중 여덟 명이 노래하듯 입을 움직이고, 춤추듯 머리와 팔을 움직였다. 이처럼 태아가 배 속에서 듣고, 먹고, 교감하는 것들 모두가 태교에 해당한다. 태교란 배 속의 아이와 교감하며 교육을 하는 것인데, 사주당 이 씨는 220년 전에 이미 태교의 중요성을 알고 실천했던 것이다.

식물은 일방적으로 들려주는 음악만으로도 쑥쑥 크지만, 아이는 엄마와 교감이 꼭 필요하다. 나는 현재의 태교가 학교의 주입식 교육처럼 음악을 들려주고, 동화책을 들려주는 일방성이 항상 마음에 걸렸다. 식물은 그래도 되지만, 무한한 정신세계를 가진 사람은 달라야 하지 않을까? 그래서 이 책은 다음의 질문에서 시작되었다.

- 🍀 태아와 엄마가 서로 교감하고 대화하는 태교를 만들면 어떨까?

- 🍀 시간이 지나면 신기루처럼 사라지는 감동의 순간을,
  기록으로 남기면 어떨까?

- 🍀 태아의 질문에 엄마가 대답하고,
  기록을 남겨서 아이에게 선물한다면 어떨까?

- 🍀 마침내 아이가 태어나서 글을 읽기 시작하면,
  그 책을 활용해 인성교육을 하면 어떨까?

나는 2016년부터 유대인의 자녀교육 '하브루타'를 포함해 세계 각국의 자녀교육 연구를 병행하면서 우리 아이들과 매주 1시간 이상 대화를 하는 시간을 가졌다. 아이들의 놀라운 변화들을 보면서 한국판 탈무드 '지혜 톡톡' 앱을 개발하고, 'K-하브루타' 등 여러 권의 책을 출간했다. 연구를 하면 할수록 태교의 중요성을 깨달았다. 어느 날 이어령 선생님의 '한국인 이야기'를 보면서 눈이 번쩍 뜨였다. 한국인의 독특한 '한 살 먹기', '태명' 등의 태교 문화가 모두 엄마와 아이의 교감을 기반으로 하는

것이었다.

나는 한국인의 태교 문화에 하브루타를 융합해 이 책을 쓰게 되었다. 이 책에는 엄마와 태아의 마음을 평안하게 해주는 50가지의 아름다운 가치에 대한 글이 있다. 엄마는 그 글을 필사하고 마인드맵을 그리며 마음을 평안하게 한다. 그리고 나면 태아가 엄마에게 4가지 질문을한다. 엄마는 태아의 질문에 대답하면서 서로 교감하고대화를 나누게 된다. 그리고 태아의 질문에 대한 답변을글로 써서 기록한다. 그 과정에서 태아의 지성과 감성이무럭무럭 자라날 것이다. 아이가 태어나 글을 읽기 시작하는 그 해에 생일선물로 이 책을 선물하라.

이 책은 '태아와 엄마가 함께 만든 세상에서 가장 특별한 책'이다.

이게 끝이 아니다. 엄마가 그랬던 것처럼 아이가 매일아름다운 가치 하나씩을 필사하고 읽는다면 아이에게 남겨주는 위대한 유산이 될 것이다.

이 책의 구성과 활용방법

1. 아름다운 가치를 읽고, 필사하며 마음을 치유해보기

책 속의 아름다운 가치(감사)   편안하게 읽고, 따라서 적기(필사)

2. 아름다운 가치에 대한, 나만의 마인드맵을 그려보기

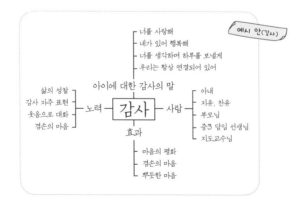

* 마인드맵은 1971년 심리학자 토니 부잔이 좌뇌와 우뇌를 동시에 활성화하기 위해 만들었다. 중심가지 → 부가지 → 세부가지를 치면서 이미지와 단어를 펼치는 것으로 사고력과 창의력 향상에 큰 도움이 된다.

3. 아이의 질문에 대한 마음 톡톡!

❶ 책에서 태아가 엄마에게 하는 질문을 태아와 교감하며 책에 적기

❷ 엄마가 적은 대답을 태아에게 들려주면서 대화하기

❸ 태아의 질문을 아빠에게 하고, 아빠와 대화하기

4. 아이가 글을 읽기 시작하면 생일선물로 이 책을 선물하기

5. 하루 15분! 아이가 성장하면 이 책으로 인성 하브루타 해보기

❶ 책에 수록된 아름다운 가치를 하루에 하나씩 필사하기

❷ 책의 질문을 아이에게 하고, 대화 나누기

🖤 사랑하는 우리 아기의 기록 🖤

태   명: _____

태   몽: _____

아기 이름: _____

아기 띠 : _____

아기 별자리: _____

아기 혈액형: _____

태어난 날과 시각: _____

태어난 장소: _____

태어난 몸무게: _____

발바닥 크기: _____

분만 형태: _____

MEMO

WEEKS   DAY

사랑하는 우리 아기의
초음파 사진을 붙여주세요

내원일		아기 체중	
엄마 체중		아기 크기	
엄마 혈압		아기 심박동	
특별 검사		다음 내원일	

MEMO

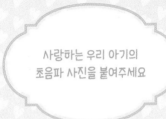

사랑하는 우리 아기의
초음파 사진을 붙여주세요

내원일		아기 체중	
엄마 체중		아기 크기	
엄마 혈압		아기 심박동	
특별 검사		다음 내원일	

 MEMO

사랑하는 우리 아기의
초음파 사진을 붙여주세요

내원일		아기 체중	
엄마 체중		아기 크기	
엄마 혈압		아기 심박동	
특별 검사		다음 내원일	

MEMO

사랑하는 우리 아기의
초음파 사진을 붙여주세요

내원일		아기 체중	
엄마 체중		아기 크기	
엄마 혈압		아기 심박동	
특별 검사		다음 내원일	

MEMO

WEEKS　　　　DAY

사랑하는 우리 아기의
초음파 사진을 붙여주세요

내원일		아기 체중	
엄마 체중		아기 크기	
엄마 혈압		아기 심박동	
특별 검사		다음 내원일	

MEMO

사랑하는 우리 아기의
초음파 사진을 붙여주세요

내원일		아기 체중	
엄마 체중		아기 크기	
엄마 혈압		아기 심박동	
특별 검사		다음 내원일	

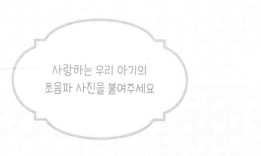

사랑하는 우리 아기의
초음파 사진을 붙여주세요

내원일		아기 체중	
엄마 체중		아기 크기	
엄마 혈압		아기 심박동	
특별 검사		다음 내원일	

MEMO

사랑하는 우리 아기의
초음파 사진을 붙여주세요

내원일		아기 체중	
엄마 체중		아기 크기	
엄마 혈압		아기 심박동	
특별 검사		다음 내원일	

MEMO

♥ WEEKS   DAY ♥

사랑하는 우리 아기의
초음파 사진을 붙여주세요

내원일		아기 체중	
엄마 체중		아기 크기	
엄마 혈압		아기 심박동	
특별 검사		다음 내원일	

MEMO

사랑하는 우리 아기의
초음파 사진을 붙여주세요

내원일		아기 체중	
엄마 체중		아기 크기	
엄마 혈압		아기 심박동	
특별 검사		다음 내원일	

MEMO

WEEKS   DAY

사랑하는 우리 아기의
초음파 사진을 붙여주세요

내원일		아기 체중	
엄마 체중		아기 크기	
엄마 혈압		아기 심박동	
특별 검사		다음 내원일	

MEMO

사랑하는 우리 아기의
초음파 사진을 붙여주세요

내원일		아기 체중	
엄마 체중		아기 크기	
엄마 혈압		아기 심박동	
특별 검사		다음 내원일	

MEMO

사랑하는 우리 아기의
초음파 사진을 붙여주세요

내원일		아기 체중	
엄마 체중		아기 크기	
엄마 혈압		아기 심박동	
특별 검사		다음 내원일	

MEMO

사랑하는 우리 아기의
초음파 사진을 붙여주세요

내원일		아기 체중	
엄마 체중		아기 크기	
엄마 혈압		아기 심박동	
특별 검사		다음 내원일	

MEMO

사랑하는 우리 아기의
초음파 사진을 붙여주세요

내원일		아기 체중	
엄마 체중		아기 크기	
엄마 혈압		아기 심박동	
특별 검사		다음 내원일	

MEMO

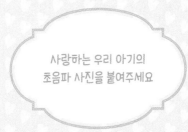

사랑하는 우리 아기의
초음파 사진을 붙여주세요

내원일		아기 체중	
엄마 체중		아기 크기	
엄마 혈압		아기 심박동	
특별 검사		다음 내원일	

MEMO

WEEKS   DAY

사랑하는 우리 아기의
초음파 사진을 붙여주세요

내원일		아기 체중	
엄마 체중		아기 크기	
엄마 혈압		아기 심박동	
특별 검사		다음 내원일	

MEMO

사랑하는 우리 아기의
초음파 사진을 붙여주세요

내원일		아기 체중	
엄마 체중		아기 크기	
엄마 혈압		아기 심박동	
특별 검사		다음 내원일	

MEMO

사랑하는 우리 아기의
초음파 사진을 붙여주세요

내원일		아기 체중	
엄마 체중		아기 크기	
엄마 혈압		아기 심박동	
특별 검사		다음 내원일	

MEMO

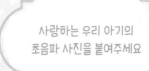

사랑하는 우리 아기의
초음파 사진을 붙여주세요

내원일		아기 체중	
엄마 체중		아기 크기	
엄마 혈압		아기 심박동	
특별 검사		다음 내원일	

MEMO

목차

THE MOST SPECIAL BOOK IN THE WORLD

임신 초기(0~11주)
두근두근 속삭임

감사

♥

감사는 고마움을 갖는 마음입니다.
아이가 나와 함께 존재하고,
함께 숨 쉬는 것에 고마움을 느낍니다.

긍정적인 마음으로 매일 생겨나는 작은 일에 대해
감사할 때 일상의 행복을 느낄 수 있습니다.

감사의 마음을 가질 때 마음이 편안해지고,
아이의 숨소리와 태동이 선명하게 느껴집니다.

아! 나와 아이는 이렇게 연결되어 있네요.

「감사」글 필사

「감사」마인드맵 그리기

아이와 함께하는 마음 톡톡!

◉ 엄마가 살아오면서 가장 감사함을 느낀 사람은 누구인지 들려주시겠어요?

◉ 왜 작은 일에도 감사를 해야 하나요?

✸ 감사에 색깔이 있다면 무슨 색깔일까요?

✸ 엄마가 자주 감사함을 느낄 때 저에게는 어떤
  변화가 생길까요?

믿음

믿음은 믿고 의지하는 마음입니다.
진실한 믿음은 먼저 나를 믿는 마음에서 시작됩니다.

나의 믿음은 아이에게 공유되고,
그 순간 아이의 마음이 튼튼해집니다.

당신은 자신을 믿고 있나요?

아이는 당신의 믿음으로 성장합니다.

「믿음」글 필사

「믿음」마인드맵 그리기

아이와 함께하는 마음 톡톡!

🌹 엄마! 불안했지만 자신을 믿어서 좋은 일이
생겼던 경험을 들려주시겠어요?

✹ 엄마를 믿어주고, 힘을 준 사람은 누구였나요?

✳ 나 자신을 믿어주면 어떤 변화가 생길까요?

✳ 엄마는 지금 어떤 믿음을 가지고 있나요?

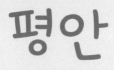

평안

평안은 걱정 없이 마음이 평화로운 상태입니다.

평안한 사람을 만나면 마음이 평안해집니다.

바쁜 일상을 잠시 멈추고 명상으로

마음의 여백을 만들면

평안함이 찾아옵니다.

지금 한 번 해볼까요?

고요한 마음으로 들어오는 숨과

나가는 숨에 집중해보세요.

아! 아이에게 평안함이 배달되었네요.

「평안」글 필사

「평안」마인드맵 그리기

아이와 함께하는 마음 톡톡!

🌹 엄마! 평안함의 느낌을 저에게 설명해주시겠어요?

🌸 엄마는 언제 평안함을 느끼나요?

✳ 평안함의 조건은 무엇일까요?

✳ 엄마의 평안함이 저에게 전달되면 어떤 변화가
생길까요?

유연함

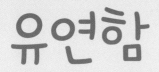

유연함은 변화를 긍정적으로 받아들이는 마음입니다.

유연한 사람은 자기 생각을 고집하지 않고,

다른 사람의 생각을 존중합니다.

편견 없이 세상을 바라보기에 예정에 없던 일이 생겨도

배움으로 연결합니다.

유연한 마음을 가지면

마음 그릇이 커져서 시련을 경험으로 담아낼 수 있습니다.

그때 아이의 마음도 한 뼘 더 커집니다.

「유연함」글 필사

「유연함」마인드맵 그리기

아이와 함께하는 마음 톡톡!

🌹 엄마는 새로운 변화에 기분 좋았던 일이 있었나요?

🌼 낯선 경험이 엄마의 삶에 어떤 긍정적 영향을
주었나요?

❀ 새로움을 기쁘게 받아들이면 어떤 변화가
   생길까요?

❀ 엄마의 유연함이 저에게 어떤 영향을 줄까요?

소신

♥

소신은 나의 생각을 믿고
자신감 있게 표현하는 태도를 말합니다.

내면의 울림에 솔직하게 응답할 때
내가 갈 길이 선명하게 드러납니다.
소신은 깊은 성찰에서 나오고,
나를 올바른 길로 인도합니다.

소신이 있는 당신은 더욱 아름답습니다.

「소신」글 필사

「소신」마인드맵 그리기

아이와 함께하는 마음 톡톡!

◉ 엄마가 소신 있게 무언가를 했던 이야기를
들려주시겠어요?

❊ 엄마가 흔들릴 때 따뜻하게 손을 잡아주는
사람은 누구인가요?

❀ 소신 있게 나만의 길을 걸어가면 어떤 변화가
   생길까요?

❀ 지금 엄마의 소신은 무엇인가요?

용서

♥

용서는 잘못을 이해하고 다시 기회를 주는 것입니다.

누구나 실수를 하고,
잘못된 행동을 할 때가 있습니다.
그 사람을 원망하는 대신
자신의 잘못을 반성하고
스스로 일깨우도록 도와주세요.

나의 실수에 자책하기보다는
경험으로 삼는 지혜를 발휘하면 어떨까요?

용서가 당신의 마음을 평화롭게 합니다.

「용서」글 필사

「용서」마인드맵 그리기

◈ 엄마의 잘못을 따뜻하게 감싸 안아준 사람은
누구였나요?

◈ 엄마는 용서를 받고 어떤 마음과 변화가 생겼나요?

❋ 용서는 왜 평화로움을 가져올까요?

❋ 왜 용서는 사람의 마음을 성장시킬까요?

열정

♥

열정은 어떤 일에 깊은 애정을 가지고
몰입하는 마음입니다.
열정은 즐거움과 행복을 나에게 선물합니다.

열정은 나의 온 마음과
힘을 한 곳에 집중해서 쏟게 합니다.
열정을 가지면 힘이 생기고 긍정적으로 변화됩니다.

열정은 당신의 꿈을 이룰 씨앗입니다.

「열정」글 필사

「열정」마인드맵 그리기

아이와 함께하는 마음 톡톡!

🌹 엄마가 열정으로 희열을 느꼈던 경험을
들려주시겠어요?

🌼 새로움 경험이 열정을 부르는 이유는 무엇인가요?

✳ 열정이 싹을 틔우면 삶에 어떤 변화가 생기나요?

✳ 엄마는 나를 임신하고, 어떤 열정이 생겨났나요?

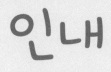

인내

인내는 힘든 상황을 참고 견디는 마음입니다.

인내는 곧 일이 잘 될 거라는 희망입니다.

인내하는 순간은 쓰디쓰지만,

끈기를 갖고 이겨내면

세상에서 가장 달콤한 경험을 선물 받습니다.

삶의 참스승은 바로 인내입니다.

「인내」글 필사

「인내」마인드맵 그리기

두근두근 속삭임

아이와 함께하는 마음 톡톡!

🌹 엄마! 삶에서 인내하며 무언가를 이룬 일을
들려주세요.

🌼 인내와 희망은 어떻게 연결되어 있나요?

❊ 인내하는 사람과 인내하지 못하는 사람의
차이는 뭘까요?

❊ 지금 엄마는 무엇을 인내하고 있나요? 그 이유는
무엇인가요?

탁월함

♥

누구나 탁월함을 얻을 수 있지만,

누구나 얻지는 못합니다.

탁월함은 나를 믿고 최선의 노력을 다할 때

비로소 얻는 것입니다.

한 번의 행동이 아닌 지속적인 실천이 필요합니다.

어느 분야에서 탁월하고 싶다면 자신을 믿고,

뚜벅뚜벅 걸어가세요.

포기하지만 않는다면

어느새 당신은 탁월한 사람이 되어 있을 거예요.

「탁월함」글 필사

「탁월함」마인드맵 그리기

🌀 엄마! 노력으로 탁월함을 얻은 경험을
들려주시겠어요?

❋ 탁월함을 얻기 위해 어떤 노력이 필요할까요?

❋ 포기하고 싶은 마음은 왜 생길까요?

❋ 탁월해지려면 왜 나를 먼저 믿어야 할까요?

목적의식

목적의식은 내가 무엇을 해야 하는지
분명히 알고 있는 것입니다.
목적의식이 없다면 목적을 이룰 수가 없습니다.

내가 이루고자 하는 일을 머릿속에 떠올리고,
마음에 물어보세요.

'내가 정말 원하는 일인가?'

목적이 분명하면 이미 절반은 성공한 것입니다.

당신이 간절히 원하는 것을 하면
그 일은 반드시 이뤄집니다.

「목적의식」글 필사

「목적의식」마인드맵 그리기

아이와 함께하는 마음 톡톡!

🌹 엄마가 뚜렷한 목적을 가지고 성취했던 경험을
들려주시겠어요?

🌼 지금 엄마의 삶의 목적은 무엇인가요?

❋ 삶의 목적이 있는 사람과 없는 사람의 차이는
멀까요?

❋ 내가 정말 하고 싶은 것을 해야 행복한 이유는
멀까요?

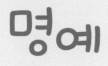

명예

명예는 자신을 존중하는 마음입니다.

명예를 소중히 여기는 사람은
세상의 유혹에 흔들리지 않고
자신과의 약속을 지킵니다.

옳은 일을 할 때 눈치를 보지 않고,
자신만의 소신을 지키는 사람이 명예를 얻습니다.

나의 명예를 지켜주는 사람은 바로 나입니다.

「명예」글 필사

「명예」마인드맵 그리기

아이와 함께하는 마음 톡톡!

🌸 엄마가 스스로 명예를 지켰던 일을 들려주시겠어요?

🌼 자신의 명예를 지키는 일이 왜 중요할까요?

❋ 나의 명예를 소중히 지키면 삶의 어떤 변화가
생기나요?

❋ 타인을 존중하기 위해 어떤 실천이 필요한가요?

희망

♥

희망은 인간만이 가지는 고결한 마음입니다.

희망이 있는 사람은 어떠한 고통도 이겨냅니다.
시련 속에서도 어떻게 살아야 하는지
스스로 답을 찾습니다.

희망이 사라지면 삶은 무의미해지고 나태해집니다.
희망은 꿈의 씨앗이 되어 행복의 열매를 맺습니다.

나의 희망은 내 삶의 가장 큰 에너지입니다.

「희망」글 필사

「희망」마인드맵 그리기

아이와 함께하는 마음 톡톡!

🌹 지금 이 순간 엄마의 희망은 무엇인가요?

🌼 희망이 왜 중요한가요?

❋ 희망이 마음속에 싹트면 무엇이 달라지나요?

❋ 왜 희망이 꿈의 씨앗인가요?

협력

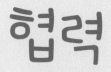

협력은 서로를 도와주는 것입니다.

당신이 먼저 손을 내밀면,

당신이 힘들 때 도움을 받습니다.

인간은 사람 人에 사이 間으로,

사람 사이라는 뜻입니다.

사람은 더불어 살아가는 존재입니다.

사람들과 협력하면 일은 쉬워지고 마음은 즐거워집니다.

함께 걸어가면 지치지 않습니다.

「협력」글 필사

「협력」마인드맵 그리기

아이와 함께하는 마음 톡톡!

🌹 엄마가 누군가를 도와준 이야기를 들려주세요.

🌸 누군가를 도와줄 때 엄마는 어떤 마음이었나요?

✹ 사람은 왜 서로 돕고 살아야 하나요?

✹ 도움이 다시 되돌아오는 이유는 뭘까요?

소통

소통은 마음을 주고받는 것입니다.

소통은 상대방을 이해하는 마음에서 시작됩니다.
사람은 생각하는 존재이기에
똑같은 것을 보더라도 생각은 모두 다릅니다.

다름을 인정하면 소통이 옵니다.

내가 하고 싶은 말보다
다른 사람이 듣고 싶어 하는 말을 해보세요.
당신의 말은 그의 가슴에 오랫동안 기억될 것입니다.

지금 이 순간 아이와 소통하는 시간을 가져보세요.

「소통」글 필사

「소통」마인드맵 그리기

아이와 함께하는 마음 톡톡!

🌹 엄마와 마음이 가장 잘 통하는 사람이 누구인지
알려주시겠어요?

🐻 엄마! 마음이 통한다는 건 어떤 의미인가요?

❋ 왜 사람마다 생각이 다를까요?

❋ 엄마와 저는 소통이 잘 되고 있나요?

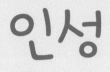

인성

인성은 사람이 가지는 따스한 마음을 말합니다.

'사람답다'라는 말은 인성을 갖춘 사람을 말합니다.

인성은 타인을 배려하는 마음에서 시작됩니다.
당신이 따스한 마음을 가지고 타인을 배려할 때
인성이 생겨납니다.

인성은 어떠한 것보다
당신을 고귀하게 만들어주는 가치입니다.

나를 나답게 만드는 것이 인성입니다.

「인성」 글 필사

「인성」 마인드맵 그리기

아이와 함께하는 마음 톡톡!

🌹 엄마! 저도 인성을 가지고 있나요?

🌼 마음이 따뜻해지려면 어떤 생각과 행동을 해야 하나요?

❋ 나다움은 어떻게 만들어지나요?

❋ 엄마의 인성과 저의 인성은 어떤 연관이 있나요?

겸손

겸손은 자기를 내세우지 않고,
타인을 존중하는 태도입니다.

겸손한 사람은 누구도 완벽할 수 없다는 생각을 가지고,
남의 실수를 너그러이 용서합니다.
자신의 실수는 성찰과 배움의 기회로 여깁니다.

훌륭한 일을 해내도
다른 사람 덕분이라며 감사함을 전합니다.

겸손한 사람은 어디서나 환영과 존경을 받습니다.

「겸손」글 필사

「겸손」마인드맵 그리기

아이와 함께하는 마음 톡톡!

🌹 엄마가 만나본 겸손한 사람을 알려주시겠어요?

🌼 겸손은 왜 어려울까요?

❋ 겸손의 마음은 어떻게 생길까요?

❋ 겸손은 저에게 어떤 영향을 주나요?

101

Weekly Record

MONDAY	FRIDAY

TUESDAY	SATURDAY

WEDNESDAY	SUNDAY

THURSDAY	MEMO

임신 초기(0~11주)

Weekly Record

MONDAY	FRIDAY

TUESDAY	SATURDAY

WEDNESDAY	SUNDAY

THURSDAY	MEMO

두근두근 속삭임

Weekly Record

MONDAY	FRIDAY

TUESDAY	SATURDAY

WEDNESDAY	SUNDAY

THURSDAY	MEMO

임신 초기(0~11주)

Weekly Record

MONDAY ....

FRIDAY ....

TUESDAY ....

SATURDAY ....

WEDNESDAY ....

SUNDAY ....

THURSDAY ....

MEMO

Weekly Record

MONDAY	FRIDAY
TUESDAY	SATURDAY
WEDNESDAY	SUNDAY
THURSDAY	MEMO

임신 초기(0~11주)

Weekly Record

MONDAY	FRIDAY

TUESDAY	SATURDAY

WEDNESDAY	SUNDAY

THURSDAY	MEMO

Weekly Record

MONDAY ....

TUESDAY ....

WEDNESDAY ....

THURSDAY ....

FRIDAY ....

SATURDAY ....

SUNDAY ....

MEMO

임신 초기(0~11주)

Weekly Record

Monday	Friday
Tuesday	Saturday
Wednesday	Sunday
Thursday	MEMO

두근두근 속삭임

Weekly Record

MONDAY	FRIDAY

TUESDAY	SATURDAY

WEDNESDAY	SUNDAY

THURSDAY	MEMO

임신 초기(0~11주)

Weekly Record

Monday	Friday
Tuesday	Saturday
Wednesday	Sunday
Thursday	MEMO

두근두근 속삭임

Weekly Record

MONDAY

FRIDAY

TUESDAY

SATURDAY

WEDNESDAY

SUNDAY

THURSDAY

MEMO

임신 초기(0~11주)

Weekly Record

MONDAY	FRIDAY

TUESDAY	SATURDAY

WEDNESDAY	SUNDAY

THURSDAY	MEMO

두근두근 숙삭임

Weekly Record

MONDAY

FRIDAY

TUESDAY

SATURDAY

WEDNESDAY

SUNDAY

THURSDAY

MEMO

임신 초기(0~11주)

Weekly Record

MONDAY _____

FRIDAY _____

TUESDAY _____

SATURDAY _____

WEDNESDAY _____

SUNDAY _____

THURSDAY _____

(MEMO)

두근두근 속삭임

THE MOST SPECIAL BOOK IN THE WORLD

임신 중기(12~27주)

존재의 움직임

책임감

♥

책임감은 맡은 일을 성실히 해내는 태도입니다.

책임감 있는 사람은 힘들고
어려운 상황에서도 피하지 않습니다.
언제나 자기 일을 묵묵히 해내는 행동은
당신을 더욱 책임감 있는 사람으로 만듭니다.

당신이 책임감을 가지면
다른 사람들은 당신에게 믿음을 선물합니다.

「책임감」글 필사

「책임감」마인드맵 그리기

아이와 함께하는 마음 톡톡!

🌀 엄마! 힘들었지만 끝까지 책임 있게
　행동한 경험을 들려주시겠어요?

🌸 책임감이 중요한 이유는 뭘까요?

❋ 책임과 믿음은 어떻게 연결되어 있나요?

❋ 엄마의 책임과 저는 어떤 연관이 있나요?

너그러움

♥

너그러움은 다른 사람의 잘못을 이해하고
받아들이는 마음입니다.

사람은 저마다 살아온 환경이 다르고,
생각이 다릅니다.
그 다름을 인정하는 것이 너그러움입니다.

편견에서 벗어나면 다른 사람을 포용하는
따스한 마음이 생겨납니다.

너그러움의 혜택은 당신에게 가장 크게 돌아갑니다.

「너그러움」글 필사

「너그러움」마인드맵 그리기

아이와 함께하는 마음 톡톡!

🌀 엄마가 아는 가장 너그러운 사람의 이야기를
들려주시겠어요?

✿ 너그러움을 가지려면 어떤 노력을 해야 할까요?

임신 중기(12~27주)

❋ 너그러움이 마음을 평안하게 하는 이유는 뭘까요?

❋ 엄마의 너그러움은 저를 어떻게 변화시킬까요?

공감

♥

공감은 타인의 감정 온도를 이해하고 느끼는 것입니다.

공감 능력이 높은 사람은

자신을 이끄는 셀프 리더가 되고,

사람들이 진정으로 따르는 리더가 됩니다.

사람과의 관계를 아름답게 이어 주는 것이 공감입니다.

당신과 늘 공감을 원하는 사람은 누굴까요?

바로 당신의 아이입니다.

지금 이 순간 부드러운 목소리로 아이와 공감해보세요.

「공감」글 필사

「공감」마인드맵 그리기

아이와 함께하는 마음 톡톡!

🌹 엄마와 저는 공감하고 있나요?

🌼 공감이 중요한 이유는 뭘까요?

임신 중기(12~27주)

❊ 공감력이 뛰어난 사람들의 공통점은 뭘까요?

❊ 엄마는 저와 공감하기 위해 어떤 노력을 하고
  있나요?

꿈

꿈은 내가 실현하고 싶은 구체적인 희망을 말합니다.

꿈을 가지면 어떠한 일에도
쉽게 지치지 않는 에너지를 얻습니다.
꿈을 이루기 위해 계획을 세우고 실천하는 과정에서
삶의 기쁨을 얻습니다.

꿈이 있는 사람은 매 순간 성장하는 사람입니다.

오랫동안 꿈을 그리면 어느새 당신은 그 꿈을 닮아갑니다.

「꿈」글 필사

「꿈」마인드맵 그리기

아이와 함께하는 마음 톡톡!

🌸 엄마가 꿈을 이루기 위해 노력했던 이야기를
들려주시겠어요?

❄ 꿈이 있어야 하는 이유는 뭘까요?

 꿈을 먹고 산다는 것은 무슨 뜻인가요?

 지금 엄마의 꿈은 무엇인가요?

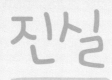

진실

♥

진실은 마음, 말, 행동이 일치하는 것을 말합니다.

진실한 사람은 자신이 어려운 상황에 부닥쳐도

거짓말을 하지 않습니다.

자신의 눈으로 진실을 확인하고

편견 없이 세상을 바라봅니다.

당신의 진실한 모습을 아이는 보고 배웁니다.

「진실」글 필사

「진실」마인드맵 그리기

아이와 함께하는 마음 톡톡!

🌀 엄마가 용기를 갖고 진실을 말한 경험을
들려주시겠어요?

❄ 선의의 거짓말은 좋은 건가요?

136

❋ 진실은 불편하다고 하는데 왜 그럴까요?

❋ 사람의 겉과 속이 다른 이유는 뭘까요?

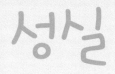

성실

♥

성실은 오랫동안 정성을 다해
실천하는 태도를 말합니다.

성실한 사람은 서두르지 않습니다.
나에게 맡겨진 일을 차근차근하면서
신뢰를 쌓아 나갑니다.

재능은 성실을 만나야 꽃을 피웁니다.
성실하지 않은 재능은 금방 사라져 버립니다.
재능만으로는 성공할 수 없지만
성실함만으로는 성공할 수 있습니다.

당신의 가치는 성실함으로 완성됩니다.

DILIGENCE

「성실」글 필사

「성실」마인드맵 그리기

💮 엄마가 성실하게 무언가를 해본 경험을 제게
들려주시겠어요?

✽ 어른들은 '사람은 성실해야 된다'라고 말하는데
무슨 의미인가요?

✹ 재능보다 성실함이 더 중요한 이유는 뭘까요?

✹ 무언가를 이루기 위해 필요한 가치들은 무엇인가요?

희생

희생은 중요한 가치를 지키기 위해
자신이 아끼는 것을 기꺼이 내놓는 것입니다.

희생에는 참된 용기가 필요합니다.
나를 희생해 누군가 행복해진다면
가치 있는 행동입니다.

당신의 희생은 오랫동안 기억될 것이며,
결국 보답을 받습니다.

「희생」글 필사

「희생」마인드맵 그리기

아이와 함께하는 마음 톡톡!

🌸 엄마는 누군가를 위해 희생을 선택한 일이 있나요?

🌸 엄마를 위해 희생한 사람은 누구이며,
   어떤 희생을 했나요?

❀ 희생에 용기가 필요한 이유는 뭘까요?

❀ 누군가의 희생을 기억해야 하는 이유는 무엇일까요?

슬기로움

슬기로움은 사물과 현상을 바르게 이해하고,
현명하게 행동하는 것입니다.

슬기로운 사람은 타인의 마음을 헤아려
부드럽게 말하고 설득합니다.
슬기로움을 발휘하면 시련 속에서도
최고의 방법을 찾을 수 있습니다.

내가 아닌 우리를 먼저 생각할 때
슬기로움을 실천할 수 있습니다.

「슬기로움」글 필사

「슬기로움」마인드맵 그리기

아이와 함께하는 마음 톡톡!

🌹 엄마가 살면서 슬기로움을 발휘한 일을
들려주시겠어요?

🌼 부드러움이 강함을 이길 수 있나요?

✳ 현명한 생각은 어디서 시작되나요?

✳ 슬기로움을 실천하기 위해서 어떤 노력이
필요할까요?

149

지혜

삶은 지식보다 지혜가 필요합니다.

지혜로운 사람은 스스로에게 질문을 자주 합니다.

질문으로 세상을 관찰하고,

성찰하면서 통찰을 얻습니다.

사물과 현상을 깊게 관찰하면서

얻은 깨달음이 지혜로 이어집니다.

당신의 다양한 경험은 지혜를 풍성하게 해줍니다.

주저하지 말고 도전하세요.

그 모든 것이 당신의 지혜가 됩니다.

「지혜」글 필사

「지혜」마인드맵 그리기

아이와 함께하는 마음 톡톡!

◎ 엄마! 사람들은 왜 지식보다 지혜가 중요하다고
말하는 건가요?

❋ 지혜를 얻기 위해서는 무엇이 필요할까요?

※ 엄마의 지혜로움은 어떻게 만들어졌나요?

※ 엄마의 지혜를 제가 배우고 싶은데 좋은 방법이 있을까요?

끈기

♥

끈기는 쉽게 포기하지 않고
끝까지 견디는 태도입니다.

살면서 수없이 만나는 시련은
끈기로 극복할 수 있습니다.
끈기를 가진 당신은 무엇이든지 이룰 수 있는
잠재력이 있습니다.

끈기를 갖고 걷다 보면
어느새 목적지에 도착한 당신을 발견할 수 있을 거예요.

「끈기」글 필사

「끈기」마인드맵 그리기

아이와 함께하는 마음 톡톡!

🌀 엄마! 힘든 일을 끈기로 극복한 일을 들려주시겠어요?

✦ 어떠한 일을 포기하고 싶은 마음은 왜 생길까요?

❀ 포기와 끈기는 무슨 차이인가요?

❀ 나를 끈기 있게 하는 힘은 어디서 나올까요?

용기

♥

용기는 두려움에 당당히 맞서는 태도입니다.

어렵고 힘든 상황에 부닥쳐도
옳은 일을 선택하는 것이 용기입니다.
용기 있는 사람은
새로운 도전을 두려워하지 않습니다.

용기 있는 사람은 늘 꿈을 품고 살아가는 사람입니다.

진정한 용기는 마음속의 외침을
행동으로 옮기는 것입니다.
용기를 내어 사랑하는 사람에게 고백해볼까요?

「용기」글 필사

「용기」마인드맵 그리기

아이와 함께하는 마음 톡톡!

🌹 엄마가 살아오면서 용기를 발휘한 경험을
들려주시겠어요?

🌹 엄마의 용기는 어디서 나오는 것인가요?

임신 중기(12~27주)

✱ 새로운 선택을 할 때 왜 두려움이 들까요?

✱ 용기를 내야 하는 순간은 언제인가요?

사랑

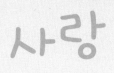

사랑은 어떤 사람이나 존재를 몹시 아끼고
소중히 여기는 마음입니다.

사랑은 배려 깊은 행동, 환한 웃음,
친절한 말 한마디, 따스한 눈빛,
포옹으로 느낄 수 있습니다.
진정한 사랑은 세상이 나를 등질 때
조용히 나를 찾아와
말없이 안아주는 사람입니다.

사랑을 하는 사람은 사랑을 받는 사람보다 행복합니다.

아이의 태명을 부르면서 '사랑한다!'라고 말해주세요.

LOVE

「사랑」글 필사

「사랑」마인드맵 그리기

존재의 움직임

아이와 함께하는 마음 톡톡!

🌹 엄마와 아빠의 사랑 이야기를 들려주시겠어요?

🌼 엄마가 사랑하는 사람들을 소개해주고, 이유도
말해주시겠어요?

임신 중기(12~27주)

❋ 왜 사랑을 받는 것보다 주는 게 행복할까요?

❋ 사랑하는 마음은 왜 생길까요?

정의

♥

정의는 올바른 생각을 갖고 행동하는 것입니다.

정의로움은 사람을 공평하게 대하는 태도입니다.
정의를 실현하기 위해서는 힘없는 약자를 보호하고,
타협 없이 행동하는 용기가 필요합니다.

진정한 정의는 약자와의 동행입니다.

정의는 당신을 외롭게 할 수도 있지만
그로 인해 당신은 더욱 성장합니다.

「정의」글 필사

「정의」마인드맵 그리기

아이와 함께하는 마음 톡톡!

◎ 엄마가 생각하는 정의란 무엇인가요?

❀ 엄마는 정의를 위해서 용기를 내본 적이 있나요?

임신 중기(12~27주)

❇ 정의를 실현하기 위해서는 왜 용기가 필요할까요?

❇ 약자에게 정의가 더 필요한 이유는 무엇인가요?

존재의 움직임

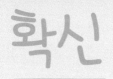

확신

♥

확신은 굳게 믿는 마음입니다.

당신이 확신을 가지면 의심과 두려움은 사라지고,

어떤 시련도 헤쳐 나가는 용기가 생겨납니다.

확신은 새로운 도전을 위한

자신감을 불러일으킵니다.

당신의 확신은 아이의 마음을 탄탄하게 합니다.

「확신」글 필사

「확신」마인드맵 그리기

아이와 함께하는 마음 톡톡!

🌀 엄마는 확신을 가지고 무엇을 해본 경험이 있나요?

🌸 확고한 생각과 가치관은 어떻게 생기나요?

172

✳ 어떤 일에 갈팡질팡할 때는 어떻게 하면 좋을까요?

✳ 확신을 가질 때 어떤 변화가 생기나요?

사려

♥

사려는 다른 사람을 배려하기 위해
깊게 생각하고 행동하는 것입니다.

사려 깊은 사람은 행동하기 전에
그 결과가 미치는 영향을 생각합니다.
그로 인해 상대방은 배려를 받았다고 말합니다.
사려 깊은 사람은 상대방이 무엇을 좋아하는지,
어떤 도움이 필요한지 세심하게 살핍니다.

사려 깊은 행동은 사람의 관계를 깊게 만들고,
나에게 다시 돌아옵니다.

THOUGHTFUL

「사려」글 필사

「사려」마인드맵 그리기

아이와 함께하는 마음 톡톡!

🌹 엄마가 사려 깊은 행동을 한 경험이 있다면
들려주시겠어요?

🌼 사려의 마음은 어디서 시작될까요?

❈ 엄마가 누군가로부터 배려를 받았다면 그 경험을
들려주시겠어요?

❈ 사람이 다른 사람에게 배려를 하는 이유는 뭘까요?

청결

청결은 맑고 깨끗한 몸과 마음을 말합니다.

나의 청결은 건강을 유지하고,
일상에 평온한 마음을 가져다줍니다.

간결한 삶, 평온한 삶, 소박한 삶은 청결에서 나옵니다.

나의 청결은 아이의 몸과 마음을 편안하게 합니다.

「청결」글 필사

「청결」마인드맵 그리기

아이와 함께하는 마음 톡톡!

🌸 엄마는 마음의 청결을 위해 어떤 실천을 해본 적이 있나요?

🌼 몸과 마음이 청결하면 기분이 좋은 이유는 뭘까요?

❊ 소박하고 간결한 삶이 주는 행복은 무엇일까요?

❊ 마음이 청결한 사람을 어떻게 알아볼 수 있나요?

181

Weekly Record

MONDAY	FRIDAY
TUESDAY	SATURDAY
WEDNESDAY	SUNDAY
THURSDAY	MEMO

Weekly Record

MONDAY	FRIDAY

TUESDAY	SATURDAY

WEDNESDAY	SUNDAY

THURSDAY	MEMO

Weekly Record

MONDAY	FRIDAY

TUESDAY	SATURDAY

WEDNESDAY	SUNDAY

THURSDAY	MEMO

Weekly Record

Monday	**Friday**
Tuesday	**Saturday**
Wednesday	**Sunday**
Thursday	**MEMO**

Weekly Record

MONDAY	FRIDAY

TUESDAY	SATURDAY

WEDNESDAY	SUNDAY

THURSDAY	MEMO

Weekly Record

MONDAY	FRIDAY

TUESDAY	SATURDAY

WEDNESDAY	SUNDAY

THURSDAY	MEMO

존재의 움직임

Weekly Record

MONDAY	FRIDAY
TUESDAY	SATURDAY
WEDNESDAY	SUNDAY
THURSDAY	MEMO

Weekly Record

MONDAY	FRIDAY
TUESDAY	SATURDAY
WEDNESDAY	SUNDAY
THURSDAY	MEMO

존재의 움직임

Weekly Record

Monday	Friday

Tuesday	Saturday

Wednesday	Sunday

Thursday	MEMO

Weekly Record

MONDAY

FRIDAY

TUESDAY

SATURDAY

WEDNESDAY

SUNDAY

THURSDAY

MEMO

존재의 움직임

Weekly Record

MONDAY	FRIDAY

TUESDAY	SATURDAY

WEDNESDAY	SUNDAY

THURSDAY	MEMO

임신 중 기록 27주

Weekly Record

MONDAY	FRIDAY
TUESDAY	SATURDAY
WEDNESDAY	SUNDAY
THURSDAY	MEMO

존재의 움직임

Weekly Record

MONDAY	FRIDAY

TUESDAY	SATURDAY

WEDNESDAY	SUNDAY

THURSDAY	MEMO

Weekly Record

MONDAY	FRIDAY
TUESDAY	SATURDAY
WEDNESDAY	SUNDAY
THURSDAY	MEMO

존재의 움직임

THE MOST SPECIAL BOOK IN THE WORLD

Part
3

임신 후기(28~40주)

기다림의 시간

기쁨

♥

기쁨은 뿌듯하고 만족스러운 마음입니다.

기쁨은 예고 없이 찾아오기도 하지만
삶 속에서 부지런히 찾아야 합니다.

기쁨은 일상에 숨겨져 있습니다.
어떤 사람은 일상에서 사소한 기쁨을 발견하고
즐기며 살아갑니다.
하지만 어떤 사람은 기쁨을 발견하고도
기뻐하지 않습니다.

당신의 기쁨을 아이에게 전달해주세요.

「기쁨」글 필사

「기쁨」마인드맵 그리기

아이와 함께하는 마음 톡톡!

🌹 엄마가 최근에 기뻤던 일을 들려주시겠어요?

✤ 기쁨을 나누면 두 배가 되는 이유는 뭘까요?

 기쁨을 지속하는 방법은 무엇일까요?

 일상에서 기쁨을 적극적으로 찾아야 하는 이유는 뭘까요?

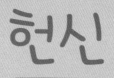

헌신

헌신은 어떤 대상에게 정성을 쏟는 것입니다.

헌신의 대상은 가족, 연인, 친구, 일 또는

자신의 꿈이 될 수도 있습니다.

자기 일에 헌신을 하면

그 분야의 전문가로 인정받습니다.

꿈을 위해 헌신한다면 그 꿈은 이루어집니다.

아이에게 정성을 다하면,

반드시 사랑으로 되돌아옵니다.

「헌신」글 필사

「헌신」마인드맵 그리기

아이와 함께하는 마음 톡톡!

🌹 엄마가 어떤 대상에 헌신을 한 경험이 있다면 들려주시겠어요?

🌼 헌신을 하려고 하는 마음은 어떻게 생길까요?

✵ 사람이 누군가에게 정성을 쏟는 이유는 뭘까요?

✵ 엄마의 정성을 보지는 못하지만 느끼고는 있어요.
엄마의 정성을 제가 알 수 있도록 말해주시겠어요?

즐거움

♥

즐거움은 삶에 활력을 불어넣습니다.

사람은 누구나 공평하게 생로병사를 경험합니다.
우리 삶에 주어진 시간은 항상 끝이 있기 때문에
지금 이 순간을 즐겨야 합니다.

나의 즐거움은 아이와 연결되어 있습니다.
아이에게 즐거움을 선물하세요.

카르페 디엠 Carpe Diem !

「즐거움」글 필사

「즐거움」마인드맵 그리기

아이와 함께하는 마음 톡톡!

🌹 엄마가 최근에 즐거움을 느꼈던 경험을
말해주시겠어요?

🌸 왜 즐거움이 삶에 활력을 줄까요?

❋ 나에게 맞는 즐거움을 잘 찾는 방법은 무엇일까요?

❋ 엄마의 즐거움은 저에게 어떤 영향을 줄까요?

존중

♥

존중은 말과 행동으로
상대방을 귀중하게 대하는 태도입니다.

존중은 먼저 자신을 존중하는 것에서 시작합니다.
스스로를 존중해야 타인을 존중할 수 있고,
내가 존중을 받습니다.

상대방의 관점에서 생각해 보고,
격려와 칭찬으로 존중을 표현해보세요.

엄마가 아이를 존중하면,
아이는 엄마를 존경합니다.

「존중」글 필사

「존중」마인드맵 그리기

아이와 함께하는 마음 톡톡!

🌸 엄마가 스스로를 존중한 경험을 들려주시겠어요?

🌸 엄마가 가장 존경하는 사람은 누구이며,
그 이유는 무엇인가요?

 자신을 존중하는 방법은 무엇이 있을까요?

 타인을 존중하기 위해 어떤 실천을 하면 좋을까요?

친절

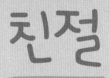

친절은 사람들을 정겹게 대하고
도움을 주는 행동입니다.

친절한 사람은 다른 사람이 무엇을 필요로 하는지
세심하게 관찰합니다.
당신의 도움이 필요한 사람에게
따뜻한 미소와 말을 건네 보세요.

작은 친절이지만,
그 울림은 아주 크답니다.

「친절」글 필사

「친절」마인드맵 그리기

아이와 함께하는 마음 톡톡!

● 엄마가 아는 가장 친절한 사람은 누구인가요?

● 친절하려면 어떤 노력을 해야 할까요?

216

❋ 친절한 사람에게 호감이 가는 이유는 뭘까요?

❋ 엄마가 친절하면 저에게 어떤 영향이 있을까요?

몰입

♥

몰입은 한 곳에 깊게 파고들어 빠지는 것을 말합니다.
몰입은 희열의 감정을 선물합니다.

자신이 좋아하는 것에서
적당히 도전할 수 있는 일이 몰입하기 좋습니다.
너무 어려운 일, 너무 쉬운 일은 몰입하기 힘듭니다.

행복은 돈이 아니라
자신이 좋아하는 일에 몰입할 때 찾아옵니다.
몰입할 대상이 있다는 것은
행복의 조건을 갖추었다는 뜻입니다.

무언가에 몰입하고 있다면
잘 살고 있다는 증거입니다.

「몰입」글 필사

「몰입」마인드맵 그리기

아이와 함께하는 마음 톡톡!

🌹 엄마가 몰입을 경험한 이야기를 들려주시겠어요?

🌼 몰입을 하기 위한 조건은 무엇일까요?

❋ 몰입하면 즐거운 이유는 무엇일까요?

❋ 왜 몰입하면 시간이 빨리 갈까요?

절제

♥

절제는 넘치지 않도록 알맞게 조절하는 태도입니다.

절제는 스스로를 믿는 마음에서 생겨납니다.

절제하는 사람은 자신의 몸과 마음을 소중히 여기고

일과 휴식을 알맞게 유지합니다.

어떠한 일에도 크게 흥분하지 않고 실망하지 않아

차분한 마음을 유지합니다.

절제하는 사람은 겸손하고,

작은 일에도 감사하며,

건강한 삶을 유지합니다.

「절제」글 필사

「절제」마인드맵 그리기

아이와 함께하는 마음 톡톡!

🌹 엄마가 무엇을 절제한 경험을 들려주시겠어요?

🌼 왜 절제는 어려운 걸까요?

❋ 절제가 중요한 이유는 뭘까요?

❋ 절제를 하고 나면 삶의 어떤 변화가 생기나요?

칭찬

♥

칭찬은 상대방의 좋은 점을 아낌없이
평가해주는 말입니다.

칭찬을 받으면 기분이 좋아집니다.
칭찬한 사람에게는 호감을 느껴 친한 관계가 됩니다.
칭찬을 받는 사람보다 하는 사람이 더 행복해집니다.

칭찬은 삶의 좋은 습관입니다.

나 자신과 아이에게
구체적인 칭찬의 한마디를 해주세요.

「칭찬」글 필사

「칭찬」마인드맵 그리기

아이와 함께하는 마음 톡톡!

◎ 엄마가 최근에 다른 사람을 칭찬했던 경험을
들려주시겠어요?

◎ 엄마가 들은 최고의 칭찬은 무엇이었나요?

✽ 칭찬이 고래도 춤추게 하는 이유는 뭘까요?

✽ 엄마가 아이에게 칭찬을 하면 어떤 변화가
생길까요?

중용

♥

중용은 지나치거나,
모자라지 않고,
한쪽으로 치우치지 않는 마음을 말합니다.

중용을 가진 사람은 편견 없이 사람을 대하고
평등의 가치를 지켜나갑니다.
올바른 마음으로 자신의 욕심을 절제할 때
중용이 생겨납니다.

중용을 실천하면 편안한 마음이 되고,
삶의 균형을 유지할 수 있습니다.

당신의 중용은 아이의 몸과 마음을 튼튼하게 합니다.

MEAN

「중용」글 필사

「중용」마인드맵 그리기

아이와 함께하는 마음 톡톡!

🌀 마음의 균형이 잡히면 어떤 변화가 생길까요?

✿ 중용을 지키기 위해 어떤 노력이 필요할까요?

❋ 사람의 욕심은 왜 생겨날까요?

❋ 마음의 편안함은 언제 찾아올까요?

우정

♥

우정은 친구와 나누는 정을 말합니다.

친구는 기쁠 때나 슬플 때나

늘 그 자리에 머물러 있습니다.

친구는 편안함의 다른 이름입니다.

우정을 나누기 위해서는

당신이 먼저 다가서야 합니다.

누군가와 시간과 공간을 공유하면 우정이 싹틉니다.

진정한 우정은 시간이 익어야 합니다.

우정은 느리게 자라지만,

뿌리 깊은 나무가 되어

늘 푸른 보금자리가 되어 줍니다.

「우정」글 필사

「우정」마인드맵 그리기

아이와 함께하는 마음 톡톡!

🌹 엄마와 가장 친한 또는 친했던 친구에 대해서
들려주시겠어요?

✹ 친구가 필요한 이유는 무엇일까요?

✴ 우정을 나누기 위해서 어떤 노력이 필요할까요?

✴ 엄마가 가장 보고 싶은 친구는 누구인가요?

한결같음

♥

한결같음이란 변하지 않는
가치를 지니고 사는 태도를 말합니다.

한결같은 사람은
다른 사람의 마음을 편안하게 하고 믿음을 줍니다.

한결같음은 양심의 소리에 귀 기울이고
유혹에 맞서 스스로를 절제할 때 생겨납니다.
용기 있게 옳고 그름을 말과 행동으로 보여주는 당신은
한결같은 사람입니다.

당신의 정체성은 한결같음으로 완성됩니다.

CONSISTENCY

「한결같음」 글 필사

「한결같음」 마인드맵 그리기

아이와 함께하는 마음 톡톡!

🌹 엄마가 한결같이 추구하는 가치는 무엇인가요?

🌼 한결같은 가치는 어떻게 생기나요?

 사람마다 왜 생각이 다를까요?

 새로운 한결같음을 가진다면 어떤 걸 갖고 싶나요?

봉사

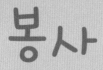

봉사는 대가 없이 남을 돕는 행동입니다.

봉사는 사람의 마음을 따스하게 만듭니다.
내가 누군가에게 도움이 되고 있다는
사실만으로도 행복해집니다.

남을 위한 봉사는 나를 위한 봉사이기도 합니다.
주위를 둘러보세요.

여기저기 당신의 눈길을, 손길을, 발길을
기다리고 있습니다.

「봉사」글 필사

「봉사」마인드맵 그리기

아이와 함께하는 마음 톡톡!

🌹 엄마가 봉사를 했던 경험을 들려주시겠어요?

🌹 봉사의 경험은 사람을 어떻게 변화시킬까요?

❋ 봉사가 자신을 위한 일이기도 하다는 건 무슨 뜻
인가요?

❋ 모든 사람이 봉사를 한다면 세상은 어떻게
변할까요?

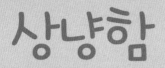

상냥함

♥

상냥함은 사려 깊은 말과 행동으로
상대방을 기분 좋게 해주는 것입니다.

상냥한 사람은 청량음료와 같은 상큼함이 있습니다.

상냥함에는 위로의 힘이 있어 마음에 상처를 입었거나
화난 마음을 가라앉힙니다.

온화한 얼굴과 평온한 눈빛, 부드러운 말은
당신을 상냥한 사람으로 만들어준답니다.

매일 아침! 아이에게 상냥한 인사를 하며
시작해보는 건 어떨까요?

「상냥함」 글 필사

「상냥함」 마인드맵 그리기

아이와 함께하는 마음 톡톡!

◎ 엄마가 상냥함을 선물할 수 있다면 누구에게
주실 건가요?

◉ 상냥한 사람의 공통점은 무엇일까요?

❋ 엄마는 상냥한 사람을 보면 어떤 느낌이 드나요?

❋ 엄마가 저에게 상냥하다면 어떤 변화가 생길까요?

도움

♥

도움은 남을 도와주는 것을 말합니다.
내가 도움을 주면 상대방은 고마움을 느낍니다.

때로는 나의 작은 도움이
상대방에게는 큰 위로가 되기도 합니다.

도움을 주고 도움을 받는 것은
사람 사는 세상의 가장 기본적인 원리입니다.
도움이 필요한 사람을 도와주세요.
도움을 주는 당신은
뿌듯함, 즐거움, 행복함을 얻어
더 큰 도움을 받습니다.

오늘 당신은 사랑하는 사람을 위해
어떤 도움을 주었나요?

「도움」글 필사

「도움」 마인드맵 그리기

아이와 함께하는 마음 톡톡!

🌹 엄마가 누군가에게 도움을 준 이야기를
들려주시겠어요?

🌸 사람은 왜 다른 사람을 도울까요?

※ 도움을 준 사람과 도움을 받은 사람의 마음은 어떻게 다를까요?

※ 엄마는 저에게 어떤 도움을 주고 계신가요?

성찰

♥

성찰은 자신을 돌아보고 반성하는 마음입니다.

사람은 성찰을 통해 성장합니다.

성찰 없는 성장은 모래성처럼 쉽게 무너집니다.

나의 마음을 자주 살펴야

타인의 마음을 살필 수 있습니다.

성찰은 나 자신과의 대화입니다.

나는 지금 잘 살고 있는 걸까?

나는 지금 행복한 걸까?

이 길이 내 길이 맞을까?

스스로에게 묻는 질문에서 성찰은 시작합니다.

오늘 당신은 아이에게 몇 번이나 질문을 던졌나요?

배 속의 아이가 엄마의 질문을 기다리고 있습니다.

INTROSPECTION

「성찰」글 필사

「성찰」마인드맵 그리기

아이와 함께하는 마음 톡톡!

◈ 엄마가 최근에 자신을 성찰한 이야기를
들려주시겠어요?

❉ 성찰을 자주 하면 어떤 변화가 올까요?

❋ 스스로 자주 질문을 해야 하는 이유는 뭘까요?

❋ 성찰을 위해 단 하나의 질문을 해야 한다면
어떤 질문이 좋을까요?

예의

♥

예의는 존중하는 마음을 말과 행동으로
부드럽게 표현하는 것입니다.

상대방을 예의 있게 대하는 것은
그 사람의 마음의 문을 여는 것과 같습니다.

예의는 따스한 눈길에서 시작합니다.
먼저 눈을 마주치고 반가운 인사를 하면
서로의 마음이 공유됩니다.

예의 있는 당신은 아름다운 사람입니다.

「예의」글 필사

「예의」마인드맵 그리기

아이와 함께하는 마음 톡톡!

◉ 엄마의 기억에 남는 예의 바른 사람은 누구인가요?

◉ 예의 바름은 타고나는 것인가요?

✳ 평소에 예의를 실천하면 어떤 변화가 생길까요?

✳ 엄마의 예의 바름은 저와 어떤 연관이 있을까요?

이해

♥

이해는 상대방의 마음을 헤아리는 태도입니다.

이해심이 깊은 사람은
늘 상대방의 관점에서 생각합니다.
이해심은 사려 깊음, 너그러움, 배려의 또 다른 말입니다.

사람은 서로를 이해하면서 가까워집니다.
성격과 생각이 다른 사람을
부드럽게 아우르는 것은 이해입니다.

상대방을 이해할 때마다 당신의 마음이 성장합니다.
그때 아이의 마음도 쑥쑥 자라납니다.

「이해」 글 필사

「이해」 마인드맵 그리기

아이와 함께하는 마음 톡톡!

🌹 엄마가 누군가에게 이해심을 발휘한 이야기를 들려주시겠어요?

🌼 이해와 오해의 차이는 뭘까요?

✴ 이해심을 가지려면 어떤 실천이 필요할까요?

✴ 이해심을 계절로 표현한다면 어떤 계절일까요?

부드러움

♥

부드러움은 따스한 눈길과 미소, 말에서 나옵니다.
마음이 튼튼한 사람이 부드럽습니다.

바람이 불면 강한 것은 부러지지만,
부드러움은 바람을 타고 넘어갑니다.
부드러움이 마음속에 차오를 때
평안함이 찾아옵니다.

날 선 마음이 부드러움을 만나면
부끄러워 무뎌집니다.

나의 마음이 부드러워지려면
생각의 숲에 머무르는 시간이 필요합니다.

「부드러움」글 필사

「부드러움」마인드맵 그리기

아이와 함께하는 마음 톡톡!

🌹 엄마의 부드러움은 어디서 나오는 것인가요?

🐻 부드러운 사람은 다른 사람을 어떻게
변화시키나요?

❋ 마음속에 부드러움을 채우려면 무엇이 필요할까요?

❋ 부드러움과 강함이 공존할 수 있을까요?

Weekly Record

MONDAY _____

FRIDAY _____

TUESDAY _____

SATURDAY _____

WEDNESDAY _____

SUNDAY _____

THURSDAY _____

MEMO

Weekly Record

MONDAY	FRIDAY

TUESDAY	SATURDAY

WEDNESDAY	SUNDAY

THURSDAY	MEMO

기다림의 시간

Weekly Record

MONDAY	FRIDAY

TUESDAY	SATURDAY

WEDNESDAY	SUNDAY

THURSDAY	MEMO

임신 후기(28~40주)

Weekly Record

MONDAY	FRIDAY

TUESDAY	SATURDAY

WEDNESDAY	SUNDAY

THURSDAY	MEMO

기다림의 시간

Weekly Record

MONDAY

FRIDAY

TUESDAY

SATURDAY

WEDNESDAY

SUNDAY

THURSDAY

MEMO

임신 후기(28~40주)

Weekly Record

MONDAY _____	FRIDAY _____
TUESDAY _____	SATURDAY _____
WEDNESDAY _____	SUNDAY _____
THURSDAY _____	MEMO

기다림의 시간

Weekly Record

MONDAY

TUESDAY

WEDNESDAY

THURSDAY

FRIDAY

SATURDAY

SUNDAY

MEMO

임신 후기(28~40주)

Weekly Record

MONDAY _____	FRIDAY _____

TUESDAY _____	SATURDAY _____

WEDNESDAY _____	SUNDAY _____

THURSDAY _____	MEMO

Weekly Record

MONDAY	FRIDAY
TUESDAY	SATURDAY
WEDNESDAY	SUNDAY
THURSDAY	MEMO

임신 후기(28~40주)

Weekly Record

MONDAY _____

FRIDAY _____

TUESDAY _____

SATURDAY _____

WEDNESDAY _____

SUNDAY _____

THURSDAY _____

MEMO

기다림의 시간

Weekly Record

MONDAY	FRIDAY
TUESDAY	SATURDAY
WEDNESDAY	SUNDAY
THURSDAY	MEMO

임신 후기(28~40주)

Weekly Record

MONDAY _____

FRIDAY _____

TUESDAY _____

SATURDAY _____

WEDNESDAY _____

SUNDAY _____

THURSDAY _____

MEMO

기다림의 시간

Weekly Record

Monday

Friday

Tuesday

Saturday

Wednesday

Sunday

Thursday

MEMO

임신 후기(28~40주)

Weekly Record

Monday _____

Friday _____

Tuesday _____

Saturday _____

Wednesday _____

Sunday _____

Thursday _____

(MEMO)

부록

내 아이와 함께할 버킷리스트

마음챙김
태교 다이어리

초판인쇄 2021년 4월 12일
초판발행 2021년 4월 12일

지은이 김정진
펴낸이 채종준
기획 · 편집 신수빈
디자인 홍은표
마케팅 문선영 · 전예리

펴낸곳 한국학술정보(주)
주 소 경기도 파주시 회동길 230(문발동)
전 화 031-908-3181(대표)
팩 스 031-908-3189
홈페이지 http://ebook.kstudy.com
E-mail 출판사업부 publish@kstudy.com
등 록 제일산-115호(2000. 6. 19)

ISBN 979-11-6603-385-8 03370